VERREHRUNG DES

HL. WOLFGANG

IN OSTBAYERN, BÖHMEN UND ÖSTERREICH

„einfach glauben – leben wagen"

INHALT

Links: Der hl. Wolfgang, Glasfenster von Fritz Baumgartner, 1994, Kunstsammlungen des Bistums Regensburg

Wirken des hl. Wolfgang, Gemälde von Franz Berg, 2016, Kunstsammlungen des Bistums Regensburg. Im Zentrum steht der hl. Wolfgang als Brückenbauer über Ländergrenzen hinweg. Vorbild für den Künstler war die Skulptur des Heiligen in der Basilika in Kladruby. Der hl. Wolfgang verbindet auf dem Triptychon den Prager Veitsdom, die St.-Bartholomäus-Kathedrale in Pilsen und den Dom St. Peter von Regensburg. Foto: Christian Beirowski

VORWORT

Im Jahr 2024 jährt sich der Geburtstag unseres Bistumspatrons, des hl. Wolfgang, zum 1100. Mal. Dieses Jubiläum begeht das Bistum Regensburg mit einem Wolfgangsjahr, das unter dem Motto steht: „einfach glauben – leben wagen". Es verbindet positive Eigenschaften des hl. Wolfgang – Glaube, Wagemut, Demut – mit Ermutigungen für die Menschen von heute und lässt dabei das Wort Papst Benedikts XVI. anklingen, dass er den Gläubigen bei seiner Predigt am Islinger Feld 2006 zugerufen hat: „Der Glaube ist einfach".

Das Wolfgangsjahr soll zu einer geistlichen Erneuerung in unserem Bistum beitragen. Nach den Erfahrungen der Corona-Pandemie, vor dem Hintergrund großer kriegsbedingter Verunsicherungen und Zukunftssorgen und begleitend zu den beiden Versammlungen der Welt-Bischofssynode zur Synodalität ist es wichtig, dass wir wieder Kraft und neuen Mut aus unseren Quellen schöpfen. Der Bistumspatron kann dafür ein sehr gutes Vorbild und ein Fürsprecher sein. Ämter und Macht strebte er nie an. Nachdem er Bischof von Regensburg wurde, verkleinerte er seinen „Herrschafts- und Machtbereich" und entließ Böhmen aus dem Bistum Regensburg. Auf den Vorsitz im Kloster St. Emmeram verzichtete er, wodurch dieses selbständig wurde und sich auf das Leben nach der Ordensregel des hl. Benedikt konzentrieren konnte.

Anlässlich des 1000. Todestages des hl. Wolfgang im Jahr 1994 hatte der damalige Direktor des Fremdenverkehrsverbandes Ostbayern, Klemens Unger, in enger Abstimmung und mit Unterstützung der Diözese Regensburg eine Broschüre über die Verehrung des heiligen Wolfgang in Ostbayern, Böhmen und Österreich erstellt. Als Autor konnte er Herrn Dr. Werner Chrobak gewinnen. Das Vorwort schrieb der damalige Weihbischof Vinzenz Guggenberger. Und der damalige Diözesankonservator Dr. Hermann Reidel unterstützte mit wissenschaftlichem Rat.

Ich danke Frau Dr. Maria Baumann, der Leiterin der Kunstsammlungen des Bistums Regensburg, für die Neuauflage und vor allem neue Bebilderung dieser Publikation. Mein Dank geht hier stellvertretend an den Fotografen Gerald Richter ebenso wie an den Autor Dr. Werner Chrobak und den Verlag Schnell und Steiner mit Geschäftsführer Felix Weiland. Möge diese Schrift mithelfen, den Weg der geistlichen Erneuerung mutig weiterzugehen.

Bischof von Regensburg

Der hl. Wolfgang, ein grenzüberschreitender Hirte. Der sog. Wolfgangsstab im Kirchenschatz von St. Emmeram in Regensburg, um 1430, bezeugt die tiefe Verehrung des 1052 heiliggesprochenen Bischofs.

WER WAR BISCHOF WOLFGANG?

Viele Menschen im Bistum Regensburg kennen Bischof Wolfgang als Bistumspatron. Vielen Bewohnern und Gästen des Salzkammerguts ist Wolfgang als „hacklwerfender Bischof vom Wolfgangsee" bekannt. Dass es sich dabei um den gleichen Heiligen handelt, ist manchen schon nicht mehr ganz klar. Was verbindet den Regensburger Bischof mit Österreich? Dazu müssen wir sein Leben etwas näher kennenlernen:

Jugend und Ausbildung – Ein Glückspilz

Wolfgang ist ein gebürtiger Schwabe. Das genaue Geburtsjahr ist unbekannt, die Überlieferung besagt, dass er 924 in Pfullingen zur Welt kommt. Seine Eltern sind Freigeborene. Er hat das Glück, auf die Klosterschule Reichenau im Bodensee, zu dieser Zeit eine der besten Schulen des Abendlandes, geschickt zu werden. Dort schließt er Freundschaft mit Heinrich von Babenberg, einem Spross des bayerischen Hochadels. Diese Bekanntschaft wird für die erste Hälfte des Lebensweges von Wolfgang entscheidend.
Heinrich von Babenberg bewegt Wolfgang zunächst, mit ihm an die neugegründete Domschule Würzburg zu gehen. Dieses Bildungsinstitut hat Bischof Poppo von Würzburg, der Bruder Heinrichs, errichtet. 956 wird Heinrich von König Otto I. auf den Bischofsstuhl von Trier berufen. Was macht Heinrich? Selbstverständlich holt er seinen Jugendfreund Wolfgang als engsten Mitarbeiter zu sich nach Trier.

Folgeseite: Aussschnitt aus einem Ölgemälde von 1624. Es zeigt die Insel Reichenau mit der Ankunft des Gründers Pirmin im Jahr 724. Das Kloster ist eines der wichtigsten religiösen, kulturellen und politischen Zentren des Mittelalters. Foto: Theo Keller

Erma tingen
pfarr kirch
Aharenberg
Salenstain
S. IOHANNES PFAR
S. MARCVS MVNSTER

Erstes berufliches Wirken – steile Karriere

Wolfgang wird Leiter der Domschule und Domdekan in Trier. Obwohl zu diesem Zeitpunkt selbst weder Priester noch Mönch, lebt Wolfgang vorbildlich wie ein Ordensbruder und zieht deswegen sogar Spott auf sich. Die Einführung des lothringischen Reformgeistes aus dem Kloster Gorze mit der strikten Rückbesinnung auf die Regel des hl. Benedikt ist eines von Wolfgangs Hauptanliegen, doch macht er sich damit unter der Trierer Domgeistlichkeit auch Feinde: Verzicht auf Privateigentum und Vorschriften für eine genau geregelte Lebensordnung will nicht jeder Domherr akzeptieren.

Als Erzbischof Heinrich von Babenberg 964 bei einem Italienzug Ottos I. von einer Seuche befallen wird, bittet er den Kaiser auf dem Totenbett, seine schützende Hand über Wolfgang zu halten. Otto I. beruft Wolfgang daraufhin in die kaiserliche Kanzlei nach Köln, die Schaltstelle der Macht. Mit 40 Jahren hat Wolfgang eine Super-Karriere erreicht, mehr noch: Ihm wird vom Leiter der kaiserlichen Kanzlei sogar auch noch ein Bischofsstuhl angeboten. Doch Wolfgang lehnt ab. Ja, er verlässt die kaiserliche Kanzlei sogar ganz!

Midlife-Crisis: Neue Ideale

Wolfgang wird zum „Aussteiger"! Nunmehr unbeeinflusst von seinem Freund Heinrich von Babenberg, bestimmt Wolfgang erstmals über sein Leben selbst: Sein Ideal ist der Rückzug aus der Hektik der Welt, die Suche nach Einsamkeit, die Suche nach sich selbst, die Suche nach Gott. Gleichzeitig entscheidet er sich – jetzt erst! – für einen geistlichen Beruf.

Im Kloster Einsiedeln/Schweiz wird er Benediktinermönch. 968 weiht ihn dort Bischof Ulrich von Augsburg zum Priester. Vielleicht auf Anregung Bischof Ulrichs sucht Wolfgang eine neue Herausforderung: die Missionierung der Ungarn. Doch er scheitert aufgrund fehlender Sprachkenntnisse, mangelnden politischen Rückhalts und unerwartet auftre-

tender kirchenpolitischer Probleme: Bischof Pilgrim von Passau betrachtet Ungarn als sein Einflussgebiet und zitiert den „umherschweifenden Mönch" zu sich. Doch macht Wolfgang auf Pilgrim bei näherem Kennenlernen einen so überzeugenden Eindruck, dass Pilgrim ihn bei Kaiser Otto I. als neuen Bischof von Regensburg vorschlägt.

Verantwortungsübernahme – im Ottonischen Reichskirchensystem Bischof von Regensburg (972–994)

Diesmal verweigert sich Wolfgang nicht mehr – wie vorher in Köln. Weihnachten 972 wird Wolfgang zu Frankfurt in der Kaiserpfalz zum Bischof von Regensburg ernannt. In Regensburg erhält Wolfgang im Januar 973 die Bischofsweihe.

Bischof Pilgrim von Passau, Ausschnitt aus dem Gemälde „Einzug der Kriemhild", Ferdinand Wagner, 1886, großer Rathaussaal Passau. Foto: Dionys Asenkerschbaumer

Links: Darstellung des hl. Wolfgang im Kloster Einsiedeln von Cosmas Damian Asam, 1724-1727. Foto: Kloster Einsiedeln

Weihe des Abtes Ramwold durch Bischof Wolfgang, Kupferstich, aus: Matthäus Rader, Bavaria Sancta Bd. I (München 1615), Kunstsammlungen des Bistums Regensburg

Wolfgang trifft zwei Entscheidungen von weitreichender Bedeutung: Er stimmt 973 der Gründung des Bistums Prag zu und er trennt die seit der Bistumsgründung durch Bonifatius (739) verbundenen Ämter der Abtwürde von St. Emmeram und des Bischofsamtes von Regensburg.

Wolfgang holt einen Freund aus seiner Trierer Zeit, den Benediktiner Ramwold, als Abt des Klosters St. Emmeram nach Regensburg. Zielgerichtet führt Wolfgang – mit Unterstützung Ramwolds – den neuen Reformgeist in seinem Bistum ein: die Betonung eines feierlichen Gottesdienstes, das Bemühen um persönliche Frömmigkeit, die Beachtung der strengen alten Benediktusregel in den Klöstern. Zudem wird auf die beste Ausbildung der Geistlichen großer Wert gelegt. Regensburg wird zu einem Mittelpunkt der ursprünglich vom Kloster Gorze ausgehenden Reform in Süddeutschland. Andere Klöster wie Niederaltaich, Tegernsee oder Münsterschwarzach erhalten von hier Reformimpulse.

Innerhalb des Bistums Regensburg wird das Kloster St. Emmeram zu einem Bildungs- und Wissenschaftszentrum ausgebaut. Die Bibliothek des Klosters St. Emmeram wächst unter Wolfgang und Ramwold auf über 300 große Handschriftenbände, eine der bedeutendsten deutschen Klosterbibliotheken der Zeit.

„Dieses Gebäude wurde auf Weisung Wolfgangs errichtet", wird über dem Eingang des neuen Bibliothekssaals von St. Emmeram bezeugt. Die Buchmalerei in der Klosterschreibschule St. Emmerams, mit namentlich bekannten Schreibern wie Aripo und Adalpert, gelangt zu höchster Blüte. Werke von unvergänglicher Schönheit, wie das Regelbuch von Niedermünster, entstehen.

Widmungsbild aus dem Regelbuch von Niedermünster: Äbtissin Uta (unten links) reicht den Codex der Gottesmutter Maria, Bayerische Staatsbibliothek München, Clm 13601, fol. 2r

975 gründet Wolfgang einen Domchor – dieses Jahr gilt als Geburtsstunde der berühmten „Regensburger Domspatzen".

Die Damenstifte Ober- und Niedermünster in Regensburg mit einer freieren Regel leisten zunächst hinhaltenden Widerstand gegen Wolfgangs Reformversuche. 983 gründet Wolfgang als „Vorbildkloster" Mittelmünster mit der Benediktusregel. Erst gegen Ende seiner Regierungszeit kann Wolfgang auch Reformerfolge in Ober- und Niedermünster verzeichnen. Bald nach seinem Tod aber werden sich die Damenstifte wieder der freieren Regel zuwenden, einschließlich Mittelmünster. Auch ein heiligmäßiger Bischof muss posthum manchmal Niederlagen hinnehmen!
In den Jahren 974–977 wird Regensburg in Kämpfe zwischen dem Kaiser und den bayerischen Herzögen hineingezogen. In dieser Phase weicht Bischof Wolfgang in österreichische Besitzungen des Hochstifts Regensburg aus. Bei einem späteren Visitationsbesuch gegen Ende seiner Amtszeit stirbt Wolfgang am 31. Oktober 994 in „Puppinga", wohl Pupping bei Eferding an der Donau, heute Oberösterreich. Er wird nach Regensburg zurück überführt und zunächst – wie alle Regensburger Bischöfe – im südlichen Seitenschiff von St. Emmeram bestattet.

Links: Bischof Wolfgang gründet die Domschule. Die Regensburger Domspatzen sind ein Domchor mit über 1000-jähriger Geschichte. Foto: Michael Vogl

Folgeseite: Erste Begräbnisstätte des hl. Wolfgang im südlichen Seitenschiff von St. Emmeram in Regensburg.

DIVVS·WOLFGANGVS·EPS·RATISBON·LVX·ET·ORNAMENT·
ECCLESIÆ·VIR·VITA·ET·CONVERSATIONE·INTEGER·ATQVE
SANCTISSIMVS·IN·LABORE·ET·SOLLICITVDINE·APLICAE·
FVNCTIONIS·STRENVVS·CVM·XXVI·ANNIS·RATISBONEN·
CATHEDRAM·REXISSET·PLVRIMAQVE·AD·ÆDIFICATIONEM·
FIDELIVM·MONVMENTA·RELIQVISSET·Aº·VIMº·PRID·CALEND
NOV·BEATO·FINE·QVIEVIT·INITIO·HIC·SEPVLTVS·TANDEM·
Aº·MLIIº·VII·OCTOB·AD·INSTANTIAM·HENRICI·IIII·IMP·A·BEATO·
LEONE·IX·P·M·DE·PRÆSENTI·TVMVLO·LEVATVS·IN·CRYPTAM·
OCCIDENTALEM·TRANSFERTVR·SOLENNIQE·CÆRIMONIA·
IN·NVMERVM·SANCTORVM·ADSCRIBITVR·

WOLFGANG IN DER LEGENDE

Erinnerung an große Gestalten der Geschichte hält sich vielfach auch in Legenden wach. Legenden sind Erzählungen, die meist einen historischen Kern besitzen, aber durch „wundersame Ausschmückung" eine Person oder ein Ereignis erhöhen wollen. Der mittelalterliche Mensch glaubt gern an Legenden, die auch einem gewissen Sensationsbedürfnis entgegenkommen. Für uns heutige Menschen sind Legenden eher ein Grund zum Amüsement, doch auch eine Überlieferungsform, um dahinter ein Stück der historischen Wirklichkeit zu fassen.

Kleinlegenden

Bereits die beiden Emmeramer Mönche Arnold und Otloh liefern in ihren beiden Lebensbeschreibungen Wolfgangs in der ersten Hälfte des 11. Jahrhunderts – rund ein Menschenalter nach Wolfgangs Tod – zahlreiche Kleinlegenden: Durch Wunderberichte wollen sie die Außergewöhnlichkeit, die Heiligkeit dieses beeindruckenden Menschen Wolfgang noch mehr herausheben.

Ein Beispiel. Die „Post Sex-Legende"

Der jugendliche bayerische Herzogssohn Heinrich, den Wolfgang als Lehrer unterrichtet hat, soll nach Wolfgangs Tod an dessen Grab gebetet haben. Dabei erscheint dem Prinzen ein Traumgesicht, wo neben Bischof Wolfgang an der Wand die Worte „POST SEX" erscheinen. Heinrich erschrickt fürchterlich und sinnt nach, was diese Worte wohl bedeuten könnten: Er fürchtet, nach sechs Tagen oder sechs Monaten zu sterben – aber siehe da: Nach sechs Jahren wird er zum König gewählt! Wolfgang hat ihm die Zukunft vorhergesagt!

Tatsache ist: Wolfgang war Lehrer Heinrichs, des Sohnes des bayerischen Herzogs Heinrichs des Zänkers. Und dieser Prinz Heinrich wurde der spätere Kaiser Heinrich II. der Heilige (1002–2024).

In Matting bei Regensburg ist dem Kirchenpatron Wolfgang das Hauptaltarbild mit der POST-SEX-Legende gewidmet, Matthias Schiffer, 1779.

Die Hauptlegende – die Legende vom Abersee (Wolfgangsee)

Die bekannteste und ausführlichste Legende webt sich um die Person des hl. Wolfgang in Österreich, und zwar erst spät, im 14./15. Jahrhundert. Sie besagt: Wolfgang sei wegen der vielen Ehren, die ihm Volk und Kaiser zuteilwerden lassen, mit einem frommen Klosterbruder in die Einsamkeit des Gebirges bei Salzburg geflohen. Dort lässt er sich beim Abersee im Salzkammergut auf dem Falkenstein als Einsiedler nieder. Der dürstende Mitbruder, für den Wolfgang auf dem Falkenstein eine Quelle erweckt, ist dem harten Einsiedlerleben nicht gewachsen und verlässt Wolfgang. Von der Höhe des Falkensteins wirft Wolfgang ein Beil in die Tiefe. Dort, wo es am Ufer des Sees aufschlägt, erbaut er nach dem Willen Gottes eine Klause und eine Kirche.

Ort und See werden später nach ihm benannt: St. Wolfgang am Wolfgangsee. Die Legende berichtet weiter, dass ein Teufel Wolfgang immer wieder bedrängt. Der Bischof spannt den Widersacher beim Kirchenbau ein und muss ihm dafür zum Lohn den ersten Pilger versprechen: Als Erster kommt ein Wolf des Wegs, den der Teufel vor Wut in der Luft zerreißt. Nach fünfjährigem Einsiedlerleben wird Wolfgang von einem Regensburger Jäger wiederentdeckt und schließlich von einer Gesandtschaft aus Regensburg wieder nach Hause geholt. Historischer Hintergrund: Tatsächlich hielt sich Wolfgang in den 970er Jahren in den hochstiftisch-regensburgischen Besitzungen in Österreich auf. Mit ziemlicher Sicherheit geht die Kirche am Wolfgangsee direkt auf Wolfgang zurück.

An der Westempore von St. Wolfgang in Altenmarkt a. d. Alz illustrieren vier Ölgemälde (um 1720) die Wolfgangslegende. Der hl. Wolfgang stößt mit seinem Stab an einen Felsen, um seinen durstigen Begleiter zu tränken.

Die Erleuchtung des Heiligen: Wolfgang wirft sein Beil, wo es hinfällt errichtet er die Kirche.

Der Teufel muss dem Heiligen beim Kirchenbau helfen mit der Auflage, dass er die Seele des ersten Pilgers bekommt.

Der Heilige stützt mit seinem Rücken den Felsberg, den der Teufel auf ihn stürzen will.

WOLFGANG – PATRON UND HELFER

In den allerersten bildlichen Darstellungen wird Wolfgang noch schlicht als Bischof – mit Bischofsgewand, Bischofsstab in der einen und Evangelienbuch in der anderen Hand – wiedergegeben.

Retabel zum Altar der Bistumspatrone (Wolfgangsaltar) im nördlichen Seitenschiff des Regensburger Doms. Die gemalten Darstellungen der vier Bistumsheiligen rahmen die mittig hervorgehoben in einer Ädikula stehende, spätgotische Figur des hl. Wolfgang als Bischof mit Stab und Evangelienbuch.
Foto: Stefan Effenhauser

Links: Blick vom Falkenstein auf den Wolfgangsee.
Foto: Daniel Rimsl

Ab dem 14. Jahrhundert tritt ein Kirchenmodell hinzu, Hinweis auf die eigenhändige Erbauung von Kirchen vor allem in Österreich. Ab dem 15. Jahrhundert findet sich zusätzlich das Beil aus der Aberseelegende - das sog. „Wolfgangihackl". Durch die beiden Attribute Kirche und Beil ist der hl. Wolfgang eindeutig gekennzeichnet. Meist hält Wolfgang Kirche und Beil in den Händen, manchmal steht die Kirche zu seinen Füßen, gelegentlich halten Putten diese Kennzeichen. Drastisch steckt manchmal das Beil im Dach der Kirche. Es genügt aber auch die Kirche als alleiniges Attribut zur Kennzeichnung dieses heiligen Bischofs.
Im ausgehenden Mittelalter ist Wolfgang einer der volkstümlichsten deutschen Heiligen. Ihm als Schutzherrn werden nicht nur zahllose Kirchen und Kapellen geweiht. In diesen Kirchen rufen auch unzählige Gläubige Wolfgang als Patron und Helfer an.
Wolfgang gilt als Helfer für eine gute Sterbestunde. Er wird angefleht bei Krankheiten, die wie ein Axthieb den Menschen treffen, so bei Vergiftung, Schlangenbiss, Gicht, Lähmung, Schlaganfall, Leibschmerzen, Ruhr, Blutfluss.

Wolfgang ist Beschützer vor unvorhergesehener Todesgefahr durch Feuer, Wasser, Blitz oder Unfälle; er kann nach dem Glauben unschuldig Gefangenen zur Freiheit verhelfen. Das Wasser der Wolfgangibrunnen heilt Augenkrankheiten und Hautentzündungen. Er, der seine Fußstapfen in Stein hinterlassen hat, soll Fußleiden beseitigen. Wegen der „Steinerweichung" rufen ihn die Bergleute bei der Arbeit an. Das Symbol der Axt macht ihn zum Patron aller Berufsstände, die irgendwie mit diesem Werkzeug zu tun haben, wie Zimmerleute, Holzarbeiter, Köhler, Bildhauer und Schiffer. Seine Volkstümlichkeit lässt ihn sogar zum Wetter- und Viehpatron werden.

Rechts: Der Heilige mit dem Beil: Damit ist Wolfgang Patron bei allen Krankheiten, die Menschen wie ein Axthieb treffen. Ausschnitt aus dem Deckenfresko im Mittelschiff von St. Emmeram, Regensburg, Cosmas Damian Asam, 1731-1733.

Votivbild zu den Viehpatronen hll. Wolfgang und Wendelin, Hinterglasmalerei, Bayerischer Wald, Ende 18. Jahrhundert, Kunstsammlungen des Bistums Regensburg

WOLFGANGSKIRCHEN IN OSTBAYERN

Regensburg – Wolfgangs Bischofsstadt und Begräbnisstätte

Wichtigstes Zentrum der Erinnerung an Wolfgang in Ostbayern ist Regensburg. Über zwei Jahrzehnte, von 972–994, hat Wolfgang hier einen politisch und kirchenpolitisch herausragenden Bischofssitz inne: Er ist Bischof der Hauptstadt Bayerns. Regensburg, hervorgegangen aus einem 179 n. Chr. gegründeten römischen Legionslager, bayerische Hauptstadt unter den Agilolfingern, Hauptstadt des karolingischen Ostfrankenreiches, ist zu Zeiten Wolfgangs erneut Residenz des bayerischen Herzogs und größte Fernhandelsstadt in Süddeutschland. Wolfgang hat in unmittelbarer Nachbarschaft zum bayerischen Herzog Heinrich dem Zänker in der Nordostecke des ehemaligen römischen Legionslagers seinen Sitz, im heutigen Viertel zwischen Porta Praetoria, Bischofshof, Niedermünster und Altem Kornmarkt. Im romanischen St. Petersdom zelebriert Wolfgang seine Messen; an diesen Bau erinnert der sog. Eselsturm an der Nordseite des heutigen gotischen Domes. In der St. Stephanskirche im Domkreuzgang wird Wolfgang zunächst aufgebahrt, bevor er in der St. Emmeramskirche – wie alle Bischöfe vor ihm – begraben wird.

Die Basilika St. Emmeram mit der Grablege Wolfgangs ist das Wolfgangs-Hauptheiligtum der Diözese Regensburg. Im südlichen (= rechten) Seitenschiff bewahren ein gotisches Hochgrab (Mitte 14. Jahrhundert) mit markantem Eisengitter und eine lateinische Inschriftentafel das Gedenken an die ursprüngliche Bestattungsstelle. Als strahlender jugendlicher Held im Bischofsornat, mit Evangelienbuch und Bischofsstab (heute fehlend), blickt Wolfgang uns hier an – obwohl im wirklichen Leben erst als Endvierziger zum Bischof ernannt und knapp siebzigjährig gestorben. Rechts daneben gibt ein barocker Wolfgangs-Seitenaltar die POST-SEX-Legende wieder.

Bei der Heiligsprechung 1052 durch den persönlich in Regensburg anwesenden Papst Leo IX. werden Wolfgangs sterbliche Überreste aus dem Boden des Seitenschiffs gehoben und nach Westen in die eigens erbaute Krypta des Westquerhauses übertragen. Eine Treppe eröffnet den Zugang zu einem der ehrwürdig-stimmungsvollsten Sakralräume Regensburgs: Die fünfschiffige gewölbte Wolfgangskrypta mit Wandnischen ist ein Juwel der frühromanischen Baukunst Bayerns. Die verschiedenen Säulenkapitelle deuten den Reichtum der zukünftigen romanischen Ausdruckskraft an. Im Mittelpunkt steht ein von Abt Wolfgang Selender von Braunau (Böhmen) 1612/13 gestifteter frühbarocker Wolfgangsaltar. Unter dem Altartisch ruhen die Wolfgangsreliquien in einem vergoldeten neuromanischen Schrein des 19. Jahrhunderts. Dessen Stirnseite zeigt eine Bleibulle Papst Leos IX. aus dem ursprünglichen Reliquienschrein. Die Wolfgangsfigur auf diesem Schrein ist ein Abbild der gotischen Hochgrabfigur im südlichen Seitenschiff.
Obwohl bald nach Wolfgangs Tod von hilfesuchenden Betern an Wolfgangs Grab berichtet wird, entwickelte sich trotz Heiligsprechung keine große und anhaltende Wallfahrt zu seiner Krypta nach Regensburg.
Ab 1964 versucht Bischof Dr. Rudolf Graber (1962-1992) mit einer „Wolfgangswoche" die Wallfahrt zum Bistumspatron nach Regensburg neu zu begründen.

Links: Regensburg, ehem. Benediktiner-Fürstabtei, ehem. Klosterkirche, heute Pfarrkirche und Basilica minor Sankt Emmeram mit Deckenfresken von Cosmas Damian Asam.

Links: Die Wolfgangskrypta
in der Basilika St. Emmeram in Regensburg,
erbaut 1052.

Oben: Seit dem Jahre 1877 ruhen
die Gebeine in dem vergoldeten Wolfgangschrein.

Stadtpfarrkirche St. Wolfgang – Regensburg-Kumpfmühl

Es ist schon erstaunlich, dass Regensburg erst im 20. Jahrhundert eine Wolfgangskirche erhält. Von 1938–1948 wird im Vorort Kumpfmühl ein liturgisch wegweisender Kirchenbau des Kölner Architekten Dominikus Böhm errichtet (Konsekration 12.7.1949). Eine eindrucksvolle Statue vor der Kirche zeigt Wolfgang als hörend himmelwärts-gewandten Bischof, der in ständigem Kontakt mit Gott steht.

Ältere Wolfgangskirchen um Regensburg

Die Wolfgangsverehrung wird anfangs besonders durch den Benediktinerorden gefördert. Denn Wolfgang ist als Benediktinermönch kurzzeitig auch Abt des Benediktinerklosters St. Emmeram in Regensburg. Dieses Kloster – zugleich Hüter seines Grabes – sorgt dafür, dass bald nach der Heiligsprechung einige zu dessen Besitz gehörige Dorfkirchen dem hl. Wolfgang geweiht werden. Auch das 1109 gegründete Benediktinerkloster Prüfening setzt sich für die Förderung der Wolfgangsverehrung ein.

Matting

Noch heute beherrscht der romanische Kirchturm der St. Wolfgangskirche das Ortsbild des wohl schon über tausend Jahre alten Matting im Donautal zwischen Regensburg und Bad Abbach. Im St. Emmeramer Güterverzeichnis wird ein Ort Matting bereits 1031 genannt. Die dem Kloster St. Emmeram inkorporierte Pfarrei wird im 12. Jahrhundert erstmals genannt, wohl aus dieser Zeit datiert auch das Wolfgangspatrozinium der Kirche.

Links: Erst 1949 kann in Regensburg eine Kirche dem hl. Wolfgang geweiht werden. Gottfried Böhm gestaltet 1947 die eindrucksvolle Sandsteinfigur des Kirchenpatrons für den Vorplatz.

Die Seelsorger Mattings kommen bis zur Säkularisation aus dem Kloster St. Emmeram zu Regensburg. Das Kirchenschiff ist ein barocker Neubau von 1740. Die barocke Ausstattung ist von einer Qualität, die manche andere Landkirche überragt. Dem Kirchenpatron Wolfgang ist das Hauptaltarbild mit der POST-SEX-Legende gewidmet, geschaffen 1779 von dem aus der Steiermark stammenden Maler Matthias Schiffer. Vor der Figur des hl. Benedikt am Altar trägt ein Engelchen das Attribut des Benediktiners Wolfgang, die Kirche. Mit der linken Assistenzfigur, dem hl. Emmeram, wird der Bezug zum Kloster St. Emmeram nochmals unterstrichen. Diese Figuren und der Hochaltaraufbau sind ein Werk des Regensburger Bildhauers Joachim Anton Pfeffer. Eine ungewöhnliche Kostbarkeit besitzt die Kirche von Matting seit 1734, als ihr der damalige Emmeramer Abt Anselm Godin eine Wolfgangsreliquie schenkt: Die prunkvolle Wolfgangs-Reliquienmonstranz wird alljährlich am Fest des hl. Wolfgang, dem 31. Oktober, den Gläubigen gezeigt.

Barocke Monstranz mit den Reliquien des Kirchenpatrons in der Kirche St. Wolfgang Matting.

Eilsbrunn

Genau wie Matting taucht auch Eilsbrunn bereits 1031 im Emmeramer Güterverzeichnis auf. Doch vom romanischen Bau der Kirche ist – nach einem Erweiterungsbau des Kirchenschiffs 1873/74 – wenig zu erkennen. Ein Barockturm mit markanter Zwiebel aus Holzschindeln grüßt hinab ins Labertal, ein reizvolles Wandergebiet mit „Alpinsteig", über die Autobahn-Donaubrücke Sinzing nur einen Katzensprung von Regensburg entfernt.
Kirche mit ummauertem Friedhof, Pfarrhof mit Ökonomiegebäuden und benachbartes Wirtshaus mit alten Kastanien im Biergarten bilden hier noch ein gemütliches Dorfensemble, wie man es selbst in bayerischen Dörfern inzwischen nur mehr selten findet. Im Kircheninnern grüßt eine gotische Wolfgangsstatue aus einem barocken Akanthusaltar. An den Wänden bezeugen Grabmäler der Freiherren von Rosenbusch die Herrschaft dieses Adelsgeschlechts in diesem Gebiet.

Ein barocker Hochaltar rahmt in der Pfarrkirche Eilsbrunn die Figur des hl. Wolfgang, um 1480–1510.

Prüfening und Etterzhausen

Als ältester Sakralbau, der Wolfgang geweiht wird, lässt sich eine Gruftkapelle an der Südwestseite des erst 1109 von Bischof Otto von Bamberg gegründeten Benediktinerklosters Prüfening, eines Nachbarklosters von St. Emmeram vor den Toren Regensburgs, urkundlich nachweisen. Sie wird am 27. Januar 1140 konsekriert und noch 1452 erwähnt. Zum Benediktinerkloster Prüfening gehört damals die Pfarrei Nittendorf. Deren Nebenkirche Etterzhausen an der Naab hat ebenso Wolfgang zum Patron. Die stilistischen Merkmale des romanischen Kirchleins weisen in das 12. oder 13. Jahrhundert, unbekannt ist, ob Wolfgang der ursprüngliche Patron war. Seit der Reformation als evangelische Kapelle beim Schloss Etterzhausen, geht das Kirchlein 1993 in den Besitz der Gemeinde Nittendorf über.

Vom 1109 von Otto I. gegründeten Benediktinerkloster Prüfening gehen Impulse der Wolfgangsverehrung aus. Foto: Tobias Hörburger

AUFSCHWUNG DER WOLFGANGSVEREHRUNG AB DEM SPÄTMITTELALTER

Im 15. und beginnenden 16. Jahrhundert vermehrt sich die Zahl der Wolfgangskirchen und -kapellen in Ostbayern, ja in ganz Mitteleuropa, auffällig. Dies ist ein Widerhall der mächtig aufgeblühten Wolfgangsverehrung im Wallfahrtsort St. Wolfgang am Abersee (Wolfgangsee) in Österreich. Auf den Wegen ins Salzkammergut, an Raststätten der Pilger, entstehen neue Wolfgangskirchen. Sie reihen sich wie Perlen an einer Schnur, besonders dicht im Raum zwischen Regensburg und den Alpen. Zum Teil werden die neuen Wolfgangskirchen selbst wieder zu regionalen Walllahrtsmittelpunkten, nicht selten mit den vom Wolfgangsee her bekannten Elementen wie Wolfgangsbrunnen und „Fußspurenstein".

Niederbayern und Voralpenland

Arresting

Die Wolfgangskirche von Arresting am Nordufer der Donau, 2 km westlich vom Römerkastell Eining, besitzt gotische Stilelemente. Auffällig ist der gestufte Sattelturm. Eine dem hl. Wolfgang geweihte Glocke stammt aus dem Jahr 1454.

Sittling

Die Dorfkirche in Sittling, zwischen Eining und Bad Gögging gelegen, ist den beiden befreundeten Zeitgenossen St. Ulrich und St. Wolfgang geweiht. Beide Heilige finden sich auch als spätgotische Figuren im barocken Hochaltar. Der Substanz nach handelt es sich bei diesem Gotteshaus um eine romanische Chorturmanlage, die in gotischer Zeit verändert wurde.

Marzill

Zwischen Mainburg und Wolnzach, im bekannten Hopfenanbaugebiet Niederbayerns, bietet die spätgotische Kirche St. Wolfgang eine Besonderheit: Einen stolzen zinnengekrönten Sattelturm mit reicher Spitzbogen-Blendverzierung im ersten und zweiten Geschoß. Von einem Tellerschlussstein des Netzrippengewölbes im Altarraum grüßt ein Reliefbild des hl. Wolfgang. Der Hochaltar stammt von 1680.

Kitzenhofen

Im Tal der geruhsam dahinfließenden Großen Laaber, 3 km südlich von Langquaid, lädt die Wolfgangskirche von Kitzenhofen/Pfarrei Sandsbach zum Besuch ein. Abgesehen vom neuerrichteten Turm des 19. Jahrhunderts, weist der Kirchenbau bereits in die Zeit um 1250. Das Wolfgangspatrozinium dürfte diese Kirche – am Pilgerweg Kelheim-Landshut-Salzburg gelegen – wohl im 15. Jahrhundert erhalten. Dreimal tritt Wolfgang in der Barockausstattung der Kirche auf: Als Statue am Hauptaltar (um 1750), als knabenhafte Opferstockfigur und auf dem ehemaligen Hochaltarblatt.

Gerabach

Etwas abseits der Straße von Regensburg nach Landshut, rund 8 km östlich von Ergoldsbach, liegt Gerabach. Die dortige Wolfgangskirche dürfte – Baubefunden im Turm nach – noch romanischen Ursprungs sein, wird aber in gotischer Zeit erweitert und nach Zerstörung im Dreißigjährigen Krieg 1635 umgebaut. Ein 1972 wieder freigelegter Brunnen neben dem Turm unterstützt die örtliche Überlieferung, dass hier im Mittelalter Pilger „auf dem Weg ins Gebirg" Rast machen. Die Besonderheit dieser Kirche ist eine bemalte

Rechts: Die Holzkassettendecke in St. Wolfgang in Gerabach erzählt vom Leben und dem hilfreichen Wirken des Heiligen.

REFVLGET

Der hl. Wolfgang als Helfer neben Maria und der Dreifaltigkeit auf einem Votivbild in Gerabach.

Holzkassettendecke von 1699. In bodenständig-bäuerlicher Barockkunst wird hier das Leben des hl. Wolfgang und sein Wirken als Helfer in vielen Nöten vor Augen geführt. Zum Kirchenschatz gehören eine spätgotische Wolfgangsrelieffigur über dem Opferstock an der Emporensäule, eine spätbarocke Wolfgangsreliquienmonstranz sowie ein Hausaltärchen in Form eines Votivbildes mit Wolfgang als Helfer neben Maria und der Dreifaltigkeit.

Ottending

Nur rund 8 km östlich von Gerabach stößt man bereits auf die nächste Wolfgangskirche in Ottending. Den stattlichen gotischen Baukörper in strahlendem Weiß ziert außen ein markanter Zahnfries. Über dem Spitzbogen der Sakristeitür sind Wandmalereien aus dem 16. Jahrhundert zu sehen. Barockaltäre, auf einem Altargemälde St. Wolfgang, stammen aus der Zeit um 1750.

Der Kirchenpatron auf dem linken barocken Altargemälde in Ottending.

St. Wolfgang bei Essenbach

Malerisch grüßt das St. Wolfgangskirchlein von einer Anhöhe, rund 10 km nördlich von Landshut, herab ins Isartal. Eine Legende erzählt, dass der hl. Wolfgang hier auf seiner Reise zum Kloster Mondsee rastet. Ganz sicher ruhen hier im Mittelalter Wallfahrer auf dem Weg ins Salzkammergut aus. Im gotischen Kirchlein mit bedeutendem gotischem Freskenzyklus verewigen sich in lateinischer Inschrift Pilger: „hic fuit Wolfgangus ... Johannes . . . Thomas . . . anno Do(mini) XXV ..." („Hier war Wolfgang ... Johannes ... Thomas ... im Jahr des Herrn 1425"). Auch regional strömen die Pilger auf diesen „Wolfgangsberg": Die Schneider von Landshut lassen in das gotische Chorgestühl ihr Zunftzeichen schnitzen. Nach mehreren Einbrüchen wird die barocke Sitzfigur des

Das Wolfgangskirchlein bei Essenbach.

Rechts: Bedeutender gotischer Freskenzyklus in St. Wolfgang bei Essenbach.

hl. Wolfgang schließlich nur mehr zu Gottesdienstfeiern in den Hauptaltar eingestellt. In den Sommermonaten kann sich der Reisende an Sonntagen in der urgemütlichen Stube des nebenan liegenden alten Bauern- bzw. Mesnerhauses erquicken (Auskunft zu den Öffnungszeiten beim Pfarramt Essenbach).

Landshut

In der niederbayerischen Hauptstadt ragt seit 1956 der Turm der modernen, in roten Backsteinziegeln errichteten Stadtpfarrkirche St. Wolfgang auf. Das Patrozinium der Kirche ist namensgebend für den gesamten Stadtteil, die sogenannte Wolfgangsiedlung. Zuvor besteht an der St. Nikolaikirche zu Landshut an einem Wolfgangsaltar bereits bis 1613 eine Wolfgangsbruderschaft.

Stadtpfarrkirche St. Wolfgang in Landshut.

Kirchberg bei Landshut

Östlich von Landshut, auf halbem Weg nach Frontenhausen, begegnet uns die Pfarrkirche Kirchberg (Gemeinde Kröning) mit dem Doppelpatrozinium St. Florian und St. Wolfgang. Der Saalbau mit eingezogenem Chor und angebauten Seitenschiffen ist eine Anlage der zweiten Hälfte des 15. Jahrhunderts. Der freistehende Sattelturm, spätromanisch, stammt wohl noch aus dem 12. Jahrhundert. Im Altarraum blickt von einem Schlussstein des Netzgewölbes ein hl. Wolfgang herab.

Der hl. Wolfgang auf dem spätgotischen Schlussstein in Kirchberg.
Folgeseite: Pfarrkirche in Kirchberg bei Landshut.

St. Wolfgang bei Dorfen (St. Wolfgang am Burgholz)

Rund 40 km südlich von Landshut, direkt an der Bundesstraße 15, findet sich St. Wolfgang bei Dorfen, auch St. Wolfgang am Burgholz genannt. Es ist das älteste Wolfgangsheiligtum der Erzdiözese München-Freising, geschichtlich und kunstgeschichtlich einer der interessantesten Wolfgangsorte in Bayern.
Seinen Ursprung führt der Ort auf eine Rast des Bischofs Wolfgang zurück: Nach der Legende hat hier Wolfgang auf seinem Weg ins österreichische Exil Gebeine noch unbegrabener Märtyrer aus der Zeit der Ungarneinfälle gesammelt und bestattet. Da die Bevölkerung große Not leidet und kein Trinkwasser hat, erweckt Wolfgang durch sein Gebet eine Quelle mit bestem Trinkwasser, die bis heute nicht versiegt ist. Baugeschichtlich ist der älteste Teil eine nach 1400 zu datierende Brunnenkapelle; ihr ist eine ab 1430 erbaute – 1484 geweihte – imposante Kirche an die Seite gestellt. Der zweischiffige Wandpfeilerbau mit seinen sternförmigen Netzgewölben zählt zu den besten Beispielen spätgotischen Backsteinbaus in Altbayern. Von Wolfgang als „Heiligem der Spätgotik" zeugen die Wolfgangsfigur im Hauptaltar, assistiert von einer Georgs- und Sigismundfigur, Werke des Landshuter Bildschnitzers Heinrich Heimschrot von ca. 1480. Ebenfalls gotisch (um 1470) ist die kleinere Wolfgangsstatue im goldlichtdurchfluteten Rokokoaltar der Brunnenkapelle.
Die Grafen von Haag und die bayerischen Herzöge und Kurfürsten erweisen diesem Wallfahrtsort ihre Gunst. Herzog Albrecht VI. stiftet 1612/14 ein berühmtes Schubladenreliquiar mit herrlicher Wolfgangs-Silberstatuette. 1737 bis 1803 existiert hier ein kleines Kollegiatstift. Als Kapitelskreuz wählen sich die Kanoniker einen sechszackigen Stern mit den Initialen „S. W." („Sanctus Wolfgangus") und anhangendem „Wolfgangihackl"

Untergünzkofen

Die anschaulichste Legende von einem Aufenthalt Wolfgangs auf bayerischem Boden bei seiner Durchreise ins Mondseeland findet sich in Untergünzkofen, einem kleinen Ort 4 km südöstlich von Dingolfing: Beim „Lackerbauer", in einem Hof direkt neben der Kirche, habe Wolfgang übernachtet; Ja, er habe sogar die Glocke der Kirche selbst geweiht! Fromme Legende! Immerhin aber, die älteste Glocke dieser Kirche datiert ins 12./13. Jahrhundert.
Die Wolfgangsverehrung ist in Untergünzkofen fest verankert. Zwei volkskundliche Besonderheiten belegen dies: Die Verteilung von geweihtem „Wolfgangibrot" am Wolfgangstag - erwähnt erstmals im Saalbuch der Dingolfinger Bäckerbruderschaft von 1425 und bis zu Beginn des 20. Jahrhunderts in Übung - und die Neugründung einer Wolfgangsbruderschaft - ganz gegen den Strom der Zeit - im Jahr 1819.

Loitersdorf

Rund 10 km südlich von Dingolfing, 1 km außerhalb von Frontenhausen, versteckt sich zwischen Bauernhöfen ein kleines Wolfgangskirchlein am nördlichen Ufer der Vils. Der ursprünglich spätgotische Bau ist barock überformt und ausgestattet: Am Hochaltar (Mitte 18. Jahrhundert) mit dem Gemälde der Kreuzauffindung durch die hl. Helena steht als linke Seitenfigur der hl. Wolfgang, rechts der Apostel Bartholomäus.

Möllersdorf

Auf den Höhen südlich des Vilstals, rund 10 km östlich von Vilsbiburg, am Weg von Frauensattling nach Johannesbrunn, blickt ein gotisches Wolfgangskirchlein weit ins Land. Den Chor ziert außen ein farbiger Fries. Im Inneren bewahrt ein neugotischer Altar des 19. Jahrhunderts eine wertvolle Wolfgangsfigur des 15. Jahrhunderts.

Haingersdorf

In Fortsetzung der südöstlichen Wegstrecke Gerabach-Ottending-Untergünzkofen liegt Haingersdorf, nahe Simbach. Die kleine gotische Anlage auf einer Anhöhe datiert sogar Anfang des 14. Jahrhunderts. Von hier aus brechen noch Ende des 19. Jahrhunderts alljährlich Wallfahrten nach St. Wolfgang am Wolfgangsee auf.

St. Wolfgang bei Weng im Rottal

Im grünen Hügelland nördlich des Rottales, auf halbem Weg zwischen den neuen Kurorten Bad Birnbach und Bad Griesbach, bildet die 1411 geweihte, Ende des 15. Jahrhunderts vergrößerte und im 18. Jahrhundert umgestaltete Wolfgangskirche bei Weng mit verspieltem spätbarockem Turmabschluss den Kern eines Wallfahrts-Weilers. Pfarrhof, Mesnerhaus und Wirtshaus in Blockbauweise schmiegen sich an die Kirche. 1454 stiftet Pfarrer Nikolaus Kreyl von Karpfham, zugleich Breslauer Domherr, ein Wolfgangs-Benefizium. Damit wird die Seelsorge für die bereits existierende Wallfahrt – Ersatz für die Fernwallfahrt nach St. Wolfgang am Wolfgangsee – gewährleistet. Holzfäller, Köhler und Zimmerleute sind wohl ursprünglich die eifrigsten Wallfahrer, die zu der prächtigen Holzfigur ihres Schutzpatrons aus der Zeit um 1480 pilgern. Auch ein heilkräftiger Brunnen zieht die Menschen an. Am Marienaltar von St. Wolfgang wird im Jahr 1818 der hl. Bruder Konrad von Parzham getauft. Der Kapuziner, gestorben am 21.4.1894 in Altötting, wird 1934 von Papst Pius XI. heiliggesprochen. Neben dem Wolfgangsbrunnen werden in Weng auch „Fußspuren" des hl. Wolfgang ge-

Folgeseite: Hl. Wolfgang, bitt für uns! Flehen und Dank finden Ausdruck in den Bildern der Wallfahrtskirche bei Weng im Rottal.

EX VOTO
1813
EX VOTO
1779
EX VOTO

zeigt. Die Gnadenkapelle mit Quelle am Chorscheitel trägt heute spätbarockes Gewand. Die spätgotische hölzerne Wolfgangsstatue steht unter der Kirchenempore. An der Südseite des Chores treten in Wandgemälden von ca. 1420 die 14 Nothelfer auf. Im Hochaltar von 1738 kündet ein neueres Gemälde von Wolfgang als Helfer der Kranken und Gebrechlichen.

St. Wolfgang bei Baumburg

In typischer Höhenlage, abseits einer größeren Siedlung, grüßt die in ihrer Substanz noch unverkennbar gotische Kirche aus dem Chiemgau bereits hinüber ins Salzburger Land. An der alten Salzstraße gelegen, wird das Gotteshaus im Mittelalter Pilgerrastkirche und selbst bald Wolfgangswallfahrtskirche. Es gehört lange Zeit zum benachbarten Chorherrenstift Baumburg. Heute ist die Kirche aus dem 14. Jahrhundert, um 1720 barockisiert, von der Bundesstraße Wasserburg-Traunstein, wenige Kilometer westlich vor Altenmarkt, nicht zu übersehen. Im barocken Hochaltar thront ein imposanter, schwarz bebarteter hl. Wolfgang. Vor dem Altarraum findet sich ein aus der Aberseelegende bekannter „Teigstein". Eine Felsenhöhle am Falkenstein wird dadurch erklärt, dass der Teufel den hl. Wolfgang verfolgt habe. Plötzlich öffnet sich der Felsen vor dem Heiligen, lässt ihn durch, den Teufel aber nicht mehr. Für den ist der Durchschlupf zu eng. Diese Durchquerung wird von den Pilgern über lange Zeit hinweg nachvollzogen, „ungeschaut und ungeschrien", also schweigend und ohne zurückzublicken.

St. Wolfgang bei Altenmarkt a. d. Alz

Der Durchschlupfbrauch setzt sich in der Kirche von St. Wolfgang bei Altenmarkt, einer gotischen Kirche des 14. Jahrhunderts fort. Drei jeweils einen Meter hohe, rote Marmorplatten des heutigen Volksaltars umgrenzen eine glatt geschliffene Felsfläche vor dem Altar. Eine davon hat ein Loch, das gerade noch das Durchkriechen ermöglicht.

Junge Ehepaare bitten an diesem Kultstein um Kindersegen. Eine Inschrift auf der Vorderseite des Altars erzählt von der Rast des Heiligen an dieser Stelle: „Wahrer ort und merkmahl so alhier der H. Bischoff Wolffgangus in einer Durchreiß bey genohmener Rasst in dießen Stein als ein Zeichen unterlaßen hat." An der Westempore der Kirche illustrieren vier Ölgemälde (um 1720) die Wolfgangslegende, unter anderem mit der Szene des balkenschleppenden Teufels beim Kirchbau am Abersee.

Naabbecken und Oberpfälzer Wald

Nicht alle Wolfgangskirchen, die im Zeitalter der Gotik als Widerschein der Blüte der österreichischen Wolfgangsverehrung entstehen, müssen an Wallfahrts-Fernstraßen liegen. Die Wolfgangsverehrung verbreitet sich ab einem gewissen Zeitpunkt auch „eigendynamisch" in abseits gelegenen Orten.

Kerze in St. Wolfgang bei Altenmarkt a. d. Alz.

Rechts: Schlupfstein in St. Wolfgang bei Altenmarkt a. d. Alz.

Riglasreuth

Die nördlichste Wolfgangskirche bzw. Wolfgangskapelle Ostbayerns finden wir in Riglasreuth, Gemeinde Neusorg, rund 8 km nordwestlich von Kemnath. Zwar stammt der einfache Kirchenrechteckbau mit Zwiebeldachreiter in der Hauptsache aus dem 17./18. Jahrhundert, doch deutet eine Relieffigurengruppe mit den hll. Wolfgang, Sebastian, Laurentius, Johannes Evangelist und Mauritius in die Zeit um 1520.

Atzmannsricht

Die katholische Filialkirche St. Wolfgang in Atzmannsricht, rund 6 km westlich von Hirschau, ist eine im Kern spätgotische Chorturmkirche. Die Gotik ist noch am Spitzbogen ablesbar. Ein barocker Hochaltar mit gedrehten Weinrebensäulen (Mitte 17. Jahrhundert) bildet einen verspielten Rahmen für einen geschnitzten hl. Wolfgang aus gotischer Zeit (um 1490).

Glaubendorf

Glaubendorf, 6 km nordöstlich von Wernberg, ist um 1400 bereits selbständige Pfarrei, die Pfarrkirche ist zu dieser Zeit wohl schon dem hl. Wolfgang geweiht. Die Landgrafen von

Der Kirchenpatron am Hochaltar in der nördlichsten Wolfgangskapelle Ostbayerns in Riglasreuth.

Leuchtenberg haben für diese Pfarrei das Besetzungsrecht. Im 17. Jahrhundert wird Glaubendorf der Pfarrei Köblitz zugeschlagen. Die St. Wolfgangskirche in der heutigen Gestalt wird 1732 errichtet.

Pamsendorf

Die St. Wolfgangskirche in Pamsendorf, 6 km östlich von Pfreimd, eine Nebenkirche von Nabburg, wird 1701 gebaut, zu einer Zeit, in der die Oberpfalz von der Pest bedroht ist.

Wölsendorf

Die St. Wolfgangskirche von Wölsendorf, auf halbem Weg zwischen Schwarzenfeld und Nabburg an der Naab gelegen, ist im Kern eine spätmittelalterliche Anlage. Sie wird im 18. Jahrhundert verändert. Den Chor mit fünfseitigem Achteckschluss krönt ein achteckiges Türmchen mit Pyramidendach. Im Strahlenkranz eines Barockaltars (um 1700) steht eine spätgotische Figur des Kirchenpatrons.

Dürnsricht

Wenige Kilometer westlich von Wölsendorf, auf der anderen Seite der Naab, wartet eine Kirche mit dem Dreifachpatronat St. Wolfgang, St. Ulrich und St. Martin auf. Spitzbogen und gotische schmiedeeiserne Beschläge an der Sakristeitür verraten das hohe Alter des Baus, der 1732 verändert wird.

Im Kern spätmittelalterlich: die St. Wolfgangskirche in Wölsendorf.

Schneeberg

Die im Kern romanische Wolfgangskirche von Schneeberg ist eine Nebenkirche der Pfarrei Winklarn, nicht weit von der Dr.-Eisenbart-Stadt Oberviechtach.

Heitzenhofen

Die Schlosskapelle St. Wolfgang in Heitzenhofen, 6 km südlich von Kallmünz, entsteht erst in der Barockzeit. Um 1715 errichtet der Hofmarksherr Ignatz von Kuchler den kleinen Rechteckbau mit abgerundetem Chor als Teil der Schlossanlage direkt an der Naab.

Neueglofsheim

Der Barockzeit zuzuordnen ist auch die Schlosskapelle von Schloss Haus in Neueglofsheim. Der Bau mit Kreuzgratgewölben entsteht 1630. Ganz in der Nähe von Schloss Haus steht die legendenumwobene, wohl tausendjährige Wolfgangseiche. Sie gehört zu den ältesten Eichen Deutschlands. Die Überlieferung besagt, dass der hl. Wolfgang unter ihr Rast gehalten und gepredigt habe.

Klausen bei Luckenpaint

Nur wenige Kilometer von Neueglofsheim und der Wolfgangseiche in südwestlicher Richtung entfernt, stößt man auf eine kleine Wolfgangskapelle beim Weiler Klausen. Das Kapellchen neben einem Wolfgangsbrunnen wird zwar erst in der ersten Hälfte des 19. Jahrhunderts erbaut, verwendet aber Elemente (Spitzbogenportal) und Einrichtung einer um 1827 abgebrochenen gotischen Kirche. Eine Wolfgangsfigur und ein Wolfgangsrelief stammen aus der Zeit um 1500 (Kopien, Original der Wolfgangsfigur im Pfarrheim Thalmassing, des Reliefs in den Kunstsammlungen des Bistums Regensburg).

Links: Die Wolfgangs-Eiche bei Schloss Haus soll der Legende nach über tausend Jahre alt sein.

Oberpfälzer Jura

St. Wolfgang bei Velburg

Der Kirchenpatron auf einem gotischen Türbeschlag.

Ein besonders anschauliches Beispiel für Wolfgangskirchen, wie sie im 15. Jahrhundert als Widerhall der vom Salzkammergut ausgehenden Wolfgangsverehrung entstehen, ist St. Wolfgang bei Velburg. Angelehnt an einen Hang, rund 2 km außerhalb von Velburg in einem aufsteigenden Trockental, zieht das gotische Gotteshaus bald selbst auch viele Wallfahrer an. Laut Bauinschrift an der Westseite errichtet ein Maurer Peter aus Weiden 1467 die Kirche: „als peter mavrer vo der Weiden den pav gemacht hat mcccc lxvii". Den Reichtum der Wallfahrtskirche belegen noch heute drei für eine Landkirche hervorragende spätgotische Flügelaltäre. Im Zentrum des Hauptaltars steht Wolfgang, flankiert von Sebastian und Willibald, Hinweis auf die Zugehörigkeit zum Bistum Eichstätt. Während der Altarraum noch das gotische Kreuzrippengewölbe besitzt, wird das Langhaus 1757 mit einer Flachdecke ausgestattet; Maler Haemerl aus Velburg schmückt sie mit Wolfgangsgemälden. Einzigartig ist eine Darstellung

Links: Im Mittelalter vielbesuchter Wallfahrtsort: die Kirche St. Wolfgang bei Velburg.
Foto: Werner Chrobak

des hl. Wolfgang in einem kunstvoll geschmiedeten gotischen Türbeschlag an der Sakristeitür des 15. Jahrhunderts.

Winden

Rund 12 km westlich von Riedenburg steht an der Grenze zum Bistum Eichstätt das Wolfgangskirchlein in Winden. Mit der Mutterpfarrei Pondorf gehört dieses Gotteshaus bis 1606 zum Augustinerchorherrenstift Schamhaupten. Von beachtlicher künstlerischer Qualität sind die Holzschnitzfiguren der Muttergottes, des hl. Wolfgang und des hl. Wendelin vom Beginn des 16. Jahrhunderts.

Bayerischer Wald

Haibühl

Haibühl, das Pfarrdorf am Fuß des Kleinen Ossers in der Nachbarschaft von Lam, überrascht mit unkonventioneller Optik seiner Pfarrkirche St. Wolfgang. Ein freistehender älterer Kirchturm ist mit einem modernen Kirchenschiff in Form eines unregelmäßigen Achtecks kombiniert. Der Neubau von 1977/1978 löst einen Vorgängerbau über einem Kapellenbau von 1654 ab. Die moderne Kirche übernimmt die Barockausstattung der alten Kirche, so den Hochaltar mit einer Wolfgangsfigur aus dem 18. Jahrhundert. Die Emporenbrüstung zeigt u. a. ein Relief, in dem Bischof Wolfgang Brot an die Armen verteilt.

Böbrach

In romantischer Höhenlage im Bayerischen Wald, 5 km westlich von Bodenmais, auf dem sog. Wolfgangsriegel, findet sich ein Wolfgangsheiligtum besonderer Art: Die dortige

Rechts: Die Wolfgangskapelle auf dem Wolfgangsriegel bei Böbrach, Ziel eines Kreuzweges, auf dem die Gläubigen mit Birkenkreuzen ihre persönlichen Anliegen und Sorgen Christus übergeben können – auf die Fürsprache des hl. Wolfgang. Foto: Maria Baumann

1776 lässt der Brauereibesitzer von Eck ein steinernes Kirchlein zu Ehren des hl. Bischofs Wolfgang errichten.

Wolfgangskapelle, im heutigen Zustand von 1849, ist eine Nachbildung der Kapelle auf dem Falkenstein am Wolfgangsee. Obwohl die Wolfgangskapelle wohl frühestens in die erste Hälfte des 17. Jahrhunderts zurückreicht – einem Holzbau folgt erst 1776 ein Steinbau –, entwickelt sich hierher eine der lebendigsten Regionalwallfahrten des Bistums Regensburg. Um den Ort rankt sich die Legende, der hl. Wolfgang habe hier auf dem Weg nach Böhmen Rast gemacht und einige Zeit in stiller Zurückgezogenheit verweilt.

Rechts: Wolfgangsbrunnen vor der Pfarrkirche in Böbrach von Bildhauer Joseph Michael Neustifter. Fotos: Maria Baumann

Rettenbach

Die Filialkirche St. Wolfgang, 4 km südöstlich von St. Englmar, 1953 von Hans Beckers erbaut, fügt sich mit ihrem modernen Erscheinungsbild harmonisch in die Landschaft des Bayerischen Waldes.

Tiefenthal

Die Wolfgang und Ulrich geweihte Kirche auf einem Vorberg des Bayerischen Waldes, südöstlich von Wörth an der Donau, verkörpert den seltenen Typus einer doppelgeschossigen romanischen Kapelle, später gotisch und dann barock umgestaltet. Nach dem Diebstahl einer wertvollen sitzenden Holzfigur des hl. Wolfgang aus der frühen Gotik bezeugt heute noch das barocke Tafelbild am Altar mit den hll. Wolfgang und Ulrich das Patrozinium der ehemaligen Burgkapelle.

Oberwinkling

In der Zugehörigkeit zum Kloster Prüfening liegt wohl der Schlüssel für das Wolfgangspatrozinium in Oberwinkling, einem Ort zwischen Bogen und Metten im Donautal, vor den Höhen des Bayerischen Waldes. Der Adelige Pabo von Zolling schenkt im 12. Jahrhundert Winklinger Besitz an Prüfening. Bis 1636 hat das Kloster Prüfening das Besetzungsrecht für Oberwinkling. Schon der Vorgängerbau der heutigen Kirche St. Wolfgang in Oberwinkling, ein Neubau von 1900–1910, ist Wolfgang geweiht. Das Hochaltarbild aus der alten Kirche von Oberwinkling mit Wolfgang als Patron und St. Veit und St. Benedikt als Begleitfiguren steht heute in der Sakristei.

WOLFGANGSKIRCHEN IN BÖHMEN

Bei Amtsantritt Wolfgangs als Bischof von Regensburg (972) gehört noch ganz Böhmen zum Bistum Regensburg. Das Gebiet ist seit dem 9. Jahrhundert von Regensburg aus missioniert worden. Auf Bitten Kaiser Ottos I. und des böhmischen Herzogs Boleslaw II. stimmt Bischof Wolfgang 973 der Errichtung des Bistums Prag zu. Er macht damit den Weg frei für eine eigenständige kirchenpolitische, politische und kulturelle Entwicklung des Nachbarlandes - eine äußerst weitreichende, zukunftsträchtige Entscheidung. Ob Wolfgang während seiner Amtszeit Böhmen besucht, darüber besitzen wir keine gesicherte Nachricht. Verschiedene Legenden allerdings wollen davon wissen. Etliche Wolfgangskirchen halten die Erinnerung an die geschichtliche Verbindung wach.

Grün / Zelená Lhota

Mit der Pfarrkirche St. Wolfgang in Grün/ Zelená Lhota verbindet sich die Legende, dass Wolfgang hier bei seinem ersten Aufenthalt in Böhmen zur Unterstreichung der Kraft der christlichen Botschaft ein Regenwunder wirkt und das verdörrte Land in sprießendes Grün verwandelt. Das barocke Hochaltarbild nimmt Bezug

Ein spiritueller Ort: Im Böhmerwald wirkt der hl. Wolfgang nach der Legende durch seinen Besuch und seine Gebete nach langer Trockenheit ein Regenwunder, sodass die Gegend wieder grün wird. Foto: Rudi Simeth

auf diese Legende. Die Kirche in Grün ist die einzige Pfarrkirche in den Bistümern Prag und Budweis, die Wolfgang heute noch zum Patron hat. Das Bistum Regensburg hat es daher übernommen, die Außenrenovierung der Kirche zu unterstützen.

Kladrau/Kladruby

Die Benediktiner-Klosterkirche Kladrau hat zunächst Wolfgang als Hauptpatron. Erst in der Barockzeit wird Maria als Hauptpatronin erwählt, Wolfgang wird mit Benedikt Nebenpatron. Im Barock wird der vom Äußeren eindrucksvolle gotische Kirchenbau unter Mitarbeit der Brüder Asam umgestaltet. Eine große Wolfgangsstatue, mit Baum und Axt zu Füßen des Heiligen, erinnert an die Gründungslegende des Ortes: Auf seinem Weg nach Prag macht der hl. Wolfgang bei einer Gruppe von Waldarbeitern eine Ruhepause. Er schnitzt aus einem gefällten Baum ein Kreuz, steckt es in die Erde und verheißt, an jener Stelle werde einmal der Hochaltar einer großen Kirche stehen. Tatsächlich wird die Kirche des 1115 gegründeten Klosters Kladrau an dieser Stelle gebaut.

Seeberg/Ostroh

Die große Wolfgangskirche in Seeberg/Ostroh bei Eger, 1470–1478 erbaut, wird im 18. Jahrhundert barock umgestaltet. Kirche und Dorf sind mit der Burg Seeberg verbunden. Die verschiedenen Besitzer der Burg nutzen die Kirche besonders im 16. und 17. Jahrhundert als Grablege. In der Zeit des Kommunismus verfällt das Gotteshaus; die Innenausstattung wird geplündert oder verwüstet. Nach Sanierungsmaßnahmen ist die Kirche für Besucher geöffnet. Schautafeln vergegenwärtigen die Geschichte der Kirche und des teils verlorengegangenen Inventars.

Die mächtige gotische Kirche Mariä Himmelfahrt, Sankt Wolfgang und Sankt Benedikt zeugt von der ehemaligen Benediktinerabtei Kladrau im Westen Tschechiens. Foto: Václav Benes

Chudenitz/Chudenice

Auf einer bewaldeten Höhe bei Chudenitz/Chudenice, rund 10 km nordwestlich von Klattau/Klatovy, findet sich ein Wolfgangs-Wallfahrtsheiligtum: Eine „Fußspurenkapelle" des hl. Wolfgang, das böhmische Gegenstück zur bayerischen Wolfgangskapelle in Böbrach. Der Sage nach segnet Wolfgang nach seiner Rückkehr von der Einsetzung des Bischofs Thietmar/Dětmar aus Prag das Land ein letztes Mal. Dabei drücken sich seine Fußspuren und die Spitze seines Wanderstabes im Gestein ab. Neben der älteren Fußspurenkapelle lassen die Grafen von Černín eine große Wallfahrtskirche zu Ehren Wolfgangs erbauen. Diese wird jedoch unter der Religionsreform von Kaiser Josef II. geschlossen und 1810 abgebrochen; lediglich der Kirchturm auf dem Gipfel des Žd'ár bleibt stehen und dient heute unter dem Namen Bolfánek (= „Wolfgangchen") mit 45 Meter Höhe als Aussichtsturm.

Geblieben ist nur die Namensabwandlung Bolfánek und ein Aussichtsturm vom Wolfgangs-Wallfahrtsort bei Chudenitz. Foto: Jiří Strašek

Links: Der hl. Wolfgang (rechts) flankiert mit dem hl. Benedikt den Hochaltar der ehemaligen Benediktinerabtei Kladrau. Foto: Václav Benes

WOLFGANGSKIRCHEN IN ÖSTERREICH

Im Gegensatz zu Böhmen ist ein Aufenthalt Wolfgangs in Österreich während der „Exilszeit" zwischen 974 und 977 und am Ende seines Lebens historisch gesichert. Während zuhause der Bürgerkrieg zwischen Kaiser und bayerischem Herzog tobt, widmet sich Wolfgang sinnvoller Aufbauarbeit. Die Regensburger Kirche besitzt zu dieser Zeit seit 832 durch Schenkungen König Ludwigs des Deutschen Gebiete in Niederösterreich im Mündungsgebiet der Erlauf in die Donau und seit 833 das Kloster Mondsee in Oberösterreich.

Wolfgang reformiert zunächst das Kloster Mondsee, rodet Wälder und baut Kirchen im Salzkammergut, so in Oberwang und im späteren St. Wolfgang am Abersee. Wolfgangs Ruf als „Kirchenerbauer" gründet sich auf diese Phase. In Niederösterreich beseitigt er die Zerstörungsspuren der Ungarneinfälle, siedelt im öden Steinakirchen bayerische Bauern an, errichtet in Wieselburg eine Burg und eine Kirche; von ihr ist das Oktogon aus dem 10. Jahrhundert heute noch zu bewundern.

Wolfgangs Wirken und Verehrung in Österreich belegen mehr als zwei Dutzend Wolfgangskirchen. Hier seien einige kurz vorgestellt, vor allem aber die an den Wallfahrtswegen von Böhmen in Richtung St. Wolfgang am Wolfgangsee.

St. Wolfgang am Wolfgangsee

Überragendes Zentrum der Wolfgangsverehrung in Österreich ist bis heute St. Wolfgang am Abersee bzw. Wolfgangsee. Ort und Kirche führen ihre Existenz auf Wolfgangs Aufenthalt 976 zurück. 1306 ist erstmals eine Wallfahrt hierher bezeugt. Das ursprüngliche Johanneskirchlein ist dem hl. Wolfgang geweiht. Dies dürfte wohl Ausdruck einer vom Kloster Mondsee besonders geförderten Wolfgangsverehrung nach einem gewonnenen Rechtsstreit um die Aberseeforsten Ende des 13. Jahrhunderts sein.

Nach einem Brand 1429 wird die St. Wolfgangskirche durch den heute noch stehenden spätgotischen Bau ersetzt. 1471–1481 fertigt Michael Pacher den prächtigen Flügelaltar, ein Hauptwerk der gotischen Altarkunst!

Im 14. und 15. Jahrhundert blüht die Wallfahrt nach St. Wolfgang am Wolfgangsee großartig auf. Neben Rom, Aachen und Einsiedeln wird St. Wolfgang einer der bedeutendsten Wallfahrtsorte in Mitteleuropa. Die Wolfgangsverehrung und Wolfgangsbegeisterung wird von den Pilgern hinausgetragen in alle Lande deutscher Sprache.

St. Wolfgang am Wolfgangsee. Foto: Daniel Rimsl

Der Flügelaltar von Michael Pacher mit der Krönung Mariens. Foto: Bundesdenkmalamt, Fotoarchiv Wien, Aufnahme Inge Kirchhof

Rechts: Die Werktagsseite zeigt Szenen aus der Wolfgangslegende. Foto: Peter Böttcher

Der gotische Flügelaltar wird in zehn Jahren von Meister Michael Pacher in Südtirol geschaffen und auf Wagen und per Schiff nach St. Wolfgang gebracht. Der Altar ist über 12 m hoch, geöffnet mehr als 6 m breit und zeigt im Zentrum Schnitzfiguren der Krönung Mariens (mit St. Wolfgang links), auf den Flügeln gemalte Szenen aus dem Leben Jesu und des hl. Wolfgang.

St. Wolfgang am Stein

Nur rund 10 km hinter der deutsch-österreichischen Grenze, nahe Schlägl, liegt St. Wolfgang am Stein. Als Station der Pilger aus Böhmen nach St. Wolfgang im Salzkammergut ist hier für 1430 bereits eine hölzerne Wolfgangs-Wallfahrtskirche mit heilkräftigem Brunnen belegt. Vom 1501 errichteten gotischen Steinbau zeugt in der späteren Barockkirche (erbaut 1641–1644) noch der gotische Triumphbogen. In der Brunnenkapelle thront ein barocker hl. Wolfgang aus weißem Marmor.

Kefermarkt

Rund 25 km nordwestlich von Linz, an einem ehemals vielbenutzten Weg von Böhmen an die Donau, findet sich Kefermarkt. 1470–1476 lässt Christoph Freiherr von Zelking als Dank für empfangene Hilfe des hl. Wolfgang eine gewaltige dreischiffige gotische Kirche errichten. Er stiftet auch einen Flügelschnitzaltar, der neben dem Pacher-Altar in St. Wolfgang und dem Veit-Stoß-Altar in Krakau zu den Spitzenleistungen der europäischen spätgotischen Plastik zählt.

Falkensteinkirche zwischen St. Wolfgang und St. Gilgen. Foto: Daniel Rimsl

St. Wolfgang bei Weitra

Ebenfalls im Grenzraum zu Böhmen, rund 20 km nordwestlich von Kefermarkt, lagert inmitten waldreicher Hochfläche ein mächtiger Kirchenbau, gotisch-streng mit markantem Dachreiter-Spitzturm: St. Wolfgang bei Weitra. Die weiträumige gotische Hallenkirche gehört bei ihrer Erbauung 1406–1408 zum Zisterzienserstift Zwettl. In den prunkvollen Barockaltar von 1694 werden die gotischen Figuren der hll. Wolfgang, Nikolaus und Erasmus (um 1490) eingefügt.

Pupping

In „Puppinga" – wohl Pupping bei Eferding, rund 25 km westlich von Linz – beendet Wolfgang am 31. Oktober 994 in der dortigen St. Otmarskapelle sein irdisches Leben.

Herz und Eingeweide des Heiligen werden hier bestattet, während der übrige Leichnam nach Regensburg überführt wird. Beim Umbau der Kirche in eine Franziskanerklosterkirche im letzten Viertel des 15. Jahrhunderts wandelt sich auch das Otmars- in ein Wolfgangspatrozinium. Heute bezeichnet eine Gedenkplatte vor dem Hochaltar den ehrwürdigen Ort des Ablebens des hl. Wolfgang.

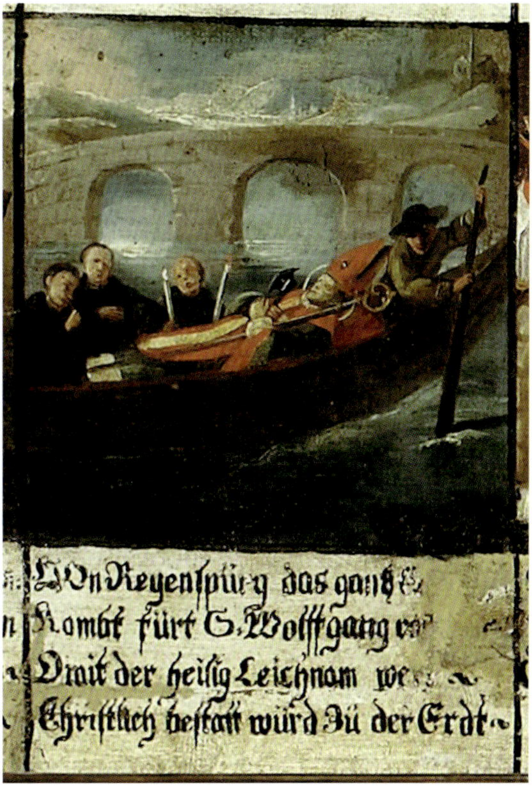

Tafel aus dem Monatsschlössl Hellbrunn: Der Leichnam des hl. Wolfgang wird von Pupping nach Regensburg überführt. Foto: Salzburg Museum

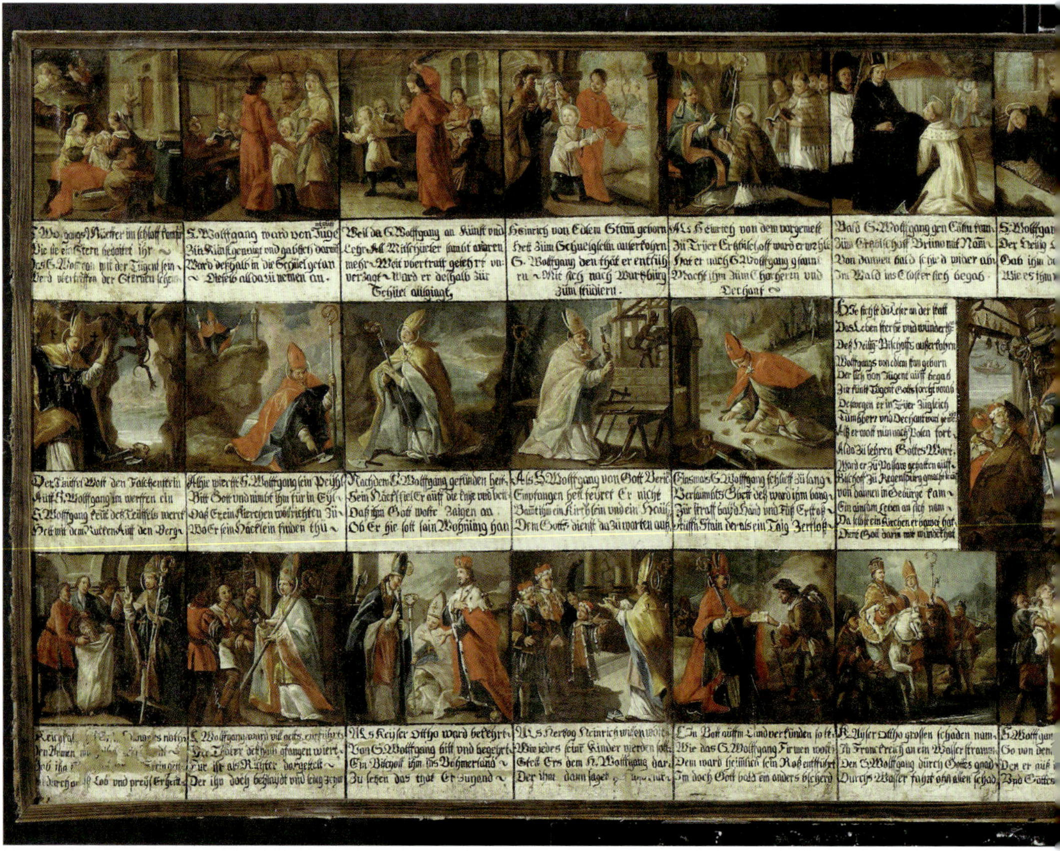

Darstellung des Lebens des hl. Wolfgang auf 37 Tafeln aus dem Monatsschlössl Hellbrunn, Volkskundliche Sammlung des Salzburg Museums, gemalt 1662 vom Salzburger Maler Hans Perger.

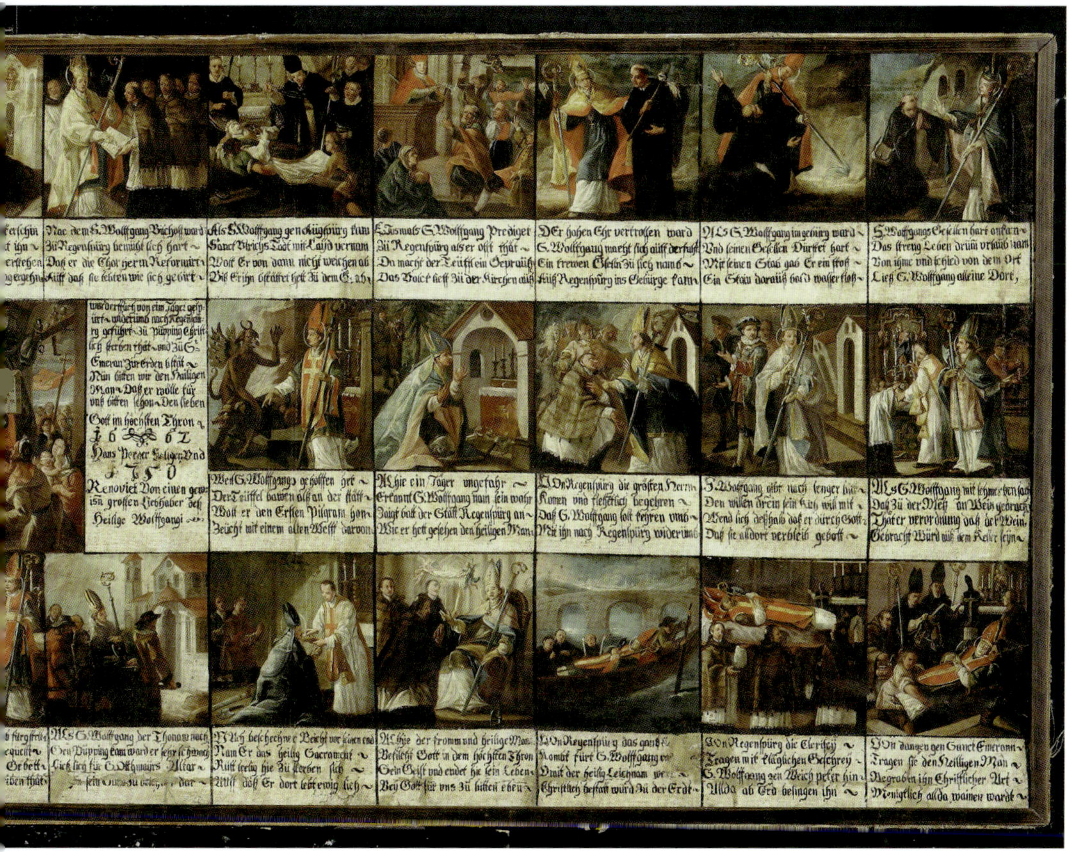

Foto: Salzburg Museum

ST. WOLFGANG – EIN EUROPÄISCHER HEILIGER

Wolfgang ist eine grenzüberschreitende Figur. In drei Ländern – Deutschland, Böhmen und Österreich – zeugen viele Wallfahrtsstätten von seinem Wirken. Lebensstationen hat er außerdem in Frankreich, der Schweiz und in Italien.
Wolfgang kann heute Leitfigur eines in christlich-abendländischer Kultur neu zusammenwachsenden Europas sein. Als Reichsbischof in wichtiger Doppelfunktion – als Kirchenmann und Staatsmann – übt er Verantwortung aus beim Aufbau eines neuen Staatssystems, des Deutschen Reiches unter den Ottonenkaisern.
Er ist es, der friedliche Verständigung vor kriegerische Auseinandersetzung stellt.
Bewahrung und Rettung anvertrauter Menschenleben ist für ihn wichtiger als Heldentod.
Landerschließung und kulturell-zivilisatorischer Aufbau haben bei ihm Vorrang vor Zerstörung.
Selbstbestimmung eines sprachlich und kulturell eigenständigen Stammes besitzen für den hl. Wolfgang höhere Wertigkeit als Besitzstandsdenken und Machtausübung. Eigengewicht der Regionen - ohne Gewaltanwendung, dies ist in Wolfgangs Denken grundgelegt.
Persönlich absolut integer, offen für echte Reformen, Bildung als hohes Gut schätzend und weitervermittelnd, Armen gegenüber immer eine hilfreiche, offene Hand beweisend – dies ist der Kern, warum Wolfgang im ausgehenden Mittelalter zu einem der verehrtesten Heiligen in Mitteleuropa wird – und heute vielleicht wieder werden könnte.

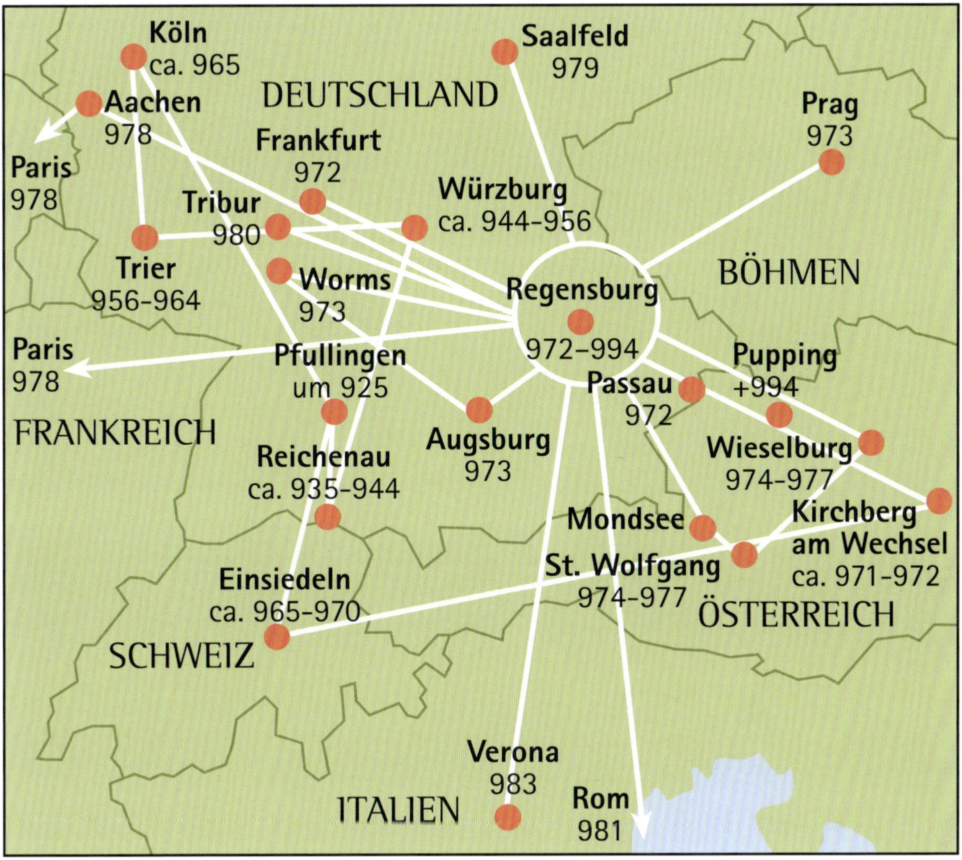

Der Patron Europas: Wolfgang wirkte über Ländergrenzen hinweg.

Literaturauswahl

Gertrud Blaschitz, Der heilige Wolfgang in Viten und Legenden, in: Historische Sozialkunde. Geschichte – Fachdidaktik – Politische Bildung 32 (2002), Heft 2. S. 15–19; Harald Buchinger, David Hiley, Katelijne Schiltz (Hg.), St. Emmeram, Liturgie und Musik vom Mittelalter bis zur Frühen Neuzeit, Regensburg 2022; Werner Chrobak, Der heilige Bischof Wolfgang. Geschichte - Legende - Verehrung. Mit Fotos von Wilkin Spitta u. Josef Zink u. a. (= Das Bistum Regensburg III), Kehl: Echo-Buchverlag 1993; Werner Chrobak, Der heilige Bischof Wolfgang. Ein Großer im Reich der Sachsenkaiser. Zeichnung Alain d'Orange, Kehl: Echo-Buchverlag 1993; Michael Fuchs, Das Leben des heiligen Wolfgang, mit 50 Holzschnitten, Regensburg 2023; Franz Hiltl, Paul Mai, Du Wundermann Deutschlands. St. Wolfgang, eine Leuchte Gottes in dunkler Zeit (Ikonographie/Volkskunde Nr. 100), München-Zürich 1989; Friedrich Wolfgang Holzer, St. Wolfgang, „ein Heiliger der Spätgotik", Freiburg im Breisgau 1933; Paul Mai (Hg.): Auf den Spuren des heiligen Wolfgang. Festgabe des Bistums Regensburg zum 70. Geburtstag Seiner Exzellenz, des Hochwürdigsten Herrn Bischofs Prof. Dr. Rudolf Graber, Kallmünz 1973; Peter Morsbach, St. Emmeram zu Regensburg. Ehem. Benediktiner-Abteikirche. Fotos Achim Butz (Großer Kunstführer 187), München-Regensburg 1993; Max Piendl, Hans Schlemmer, Hermann Reidel, St. Emmeram zu Regensburg (Kleine Kunstführer 573), 15. Auflage, Regensburg 2022; Regensburger Domkalender 1994. 1000 Jahre St. Wolfgang. Texte Edmund Stauffer, Fotos Dr. Reidel u. a., Regensburg: Brauerei Bischofshof 1993; Hans Schlemmer, St. Emmeram in Regensburg. Kirche und Kloster im Wandel der Zeit, 5. erw. u. verb. Aufl., Kallmünz: Laßleben 1994; Jan Royt, Der heilige Wolfgang und seine Verehrung in Böhmen (Hagiographie Nr.40 114), Regensburg: Schnell & Steiner 1994; Rudolf Zinnhobler, Der heilige Wolfgang. Leben, Legende, Kult. Aufnahmen Peter Pfarl u. Kunstverlag Hofstetter, 2. Aufl., Linz: Bischöfliches Ordinariat 1993.

*Links: Szene aus dem Pacheraltar in St. Wolfgang am Wolfgangsee:
Wolfgang lässt Korn unter die Armen verteilen.
Foto: Peter Böttcher*

Impressum

Herausgeber:
Maria Baumann
Leiterin der Kunstsammlungen des Bistums Regensburg
Obermünsterplatz 7, 93047 Regensburg
www.bistumsmuseen-regensburg.de

Text: Dr. Werner Chrobak
Redaktion: Dr. Maria Baumann
Grafische Gestaltung: Barbara Stefan Kommunikationsdesign, Regensburg
Fotografie: Soweit nicht anders angegeben: Richter Fotoagentur, Regensburg

Überarbeitete Neuauflage der Broschüre „St. Wolfgang in Ostbayern, Böhmen und Österreich",
hrsg. v. Fremdenverkehrsverband Ostbayern e.V., Regensburg (1994)

Bibliografische Information der Deutschen Nationalbibliothek
Die Deutsche Nationalbibliothek verzeichnet diese Publikation in der Deutschen Nationalbibliografie;
detaillierte bibliografische Daten sind im Internet über http://dnb.de abrufbar.

1. Auflage 2024

Leibnizstraße 13, 93055 Regensburg
Druck: optimal media GmbH

ISBN 978-3-7954-3897-5

Weitere Informationen zum Verlagsprogramm erhalten Sie unter:
www.schnell-und-steiner.de